Juan Eduardo Rojas Vásquez

JUAN ENTRE DOS MUNDOS

Juan Eduardo Rojas Vásquez

JUAN ENTRE DOS MUNDOS

Escrito por Maria Schmitz

Traducción del alemán por Sergio Vesely

Bibliografische Information der Deutschen Nationalbibliothek:
Die Deutsche Nationalbibliothek verzeichnet diese Publikation in der Deutschen Nationalbibliografie; detaillierte bibliografische Daten sind im Internet über http://dnb.dnb.de abrufbar

Text, Redaktion und Satz:
Das Biografie-Institut
Maria Schmitz, Dienheim
www.biografie-institut.de

Traducción del alemán: Sergio Vesely

Fotos:
S. 67 Foto: Alex Ibáñez M., www.fotopresidencia.cl
S. 70 Foto: A. T. Schaefer
Todas otras fotos: privadas

Impresión y editorial: BoD – Books on Demand
info@bod.com.es - www.bod.com.es
Impreso en Alemania – Printed in Germany

ISBN: 978-3-754326145

ÍNDICE

Despedida

Es el primero de agosto de 1979. Lentamente subo la escalera del avión y me doy vuelta para despedirme. ¡Adiós, Chile! Atrás quedan seis años de inseguridades y temores. El 13 de octubre de 1973 mi vida cambió radicalmente y al final me vi obligado a abandonar el país. Mi familia pensó que yo partía a Alemania para hacerme una operación a los oídos y que regresaría pronto. Los verdaderos motivos de mi viaje no se conocían y nadie se imaginó que me ausentaría por mucho tiempo.

Yo estaba feliz de irme y de recuperar mi amplia libertad. ¿Pero qué me esperaba en Alemania, al otro lado del mundo? ¿En un país donde no había estado nunca y cuyo idioma tampoco conocía? ¿Qué diría mi madre al verme desaparecer? Los recuerdos de mi infancia se me vinieron a la memoria. Pensé con tristeza en las bellezas de Chile que ya no volvería a disfrutar.

mi padre y mi madre

Mi vida en Chile

Mi familia

Nací el 15 de octubre de 1958 en las cercanías de Parral. Mi madre, Margarita Felisa Vásquez Gatica, nacida el 16 de enero de 1917, me tuvo a la edad de 41 años. Fui el menor de sus siete hijos y me bautizaron con el nombre de Juan Eduardo. Mi hermana mayor, Ana Julia, ya tenía dieciséis años y Gilberto Antonio, mi hermano mayor, tenía catorce. Después venían Luis Antonio con doce y Sergio Antonio con diez años. Mi hermana Margarita Rosa tenía cinco y mi hermano Miguel Enrique era un año y medio mayor que yo.

Entre los antepasados de mi madre había algunos indígenas que vivieron en las montañas. Mi padre fue Miguel Rojas Rojas, nacido el 16 de noviembre de 1920. Él tenía raíces españolas y, como fue hijo natural, nunca conoció a su padre. Tanto él como mi madre eran analfabetos. Vivíamos en una zona donde antiguamente no había escuelas. Ella apenas podía leer y escribía su nombre con dificultad, mientras que mi padre no podía siquiera eso y firmaba con la huella dactilar.

Ellos contrajeron matrimonio en 1942. Nosotros nunca los tuteamos porque era considerado una falta de respeto.

Juan Eduardo

La vida en el campo

Vivíamos en el campo a unos 15 kilómetros de Parral, en una zona de vinos donde también abundan las cerezas, naranjas y los membrillos. Los niños, sin embargo, gozábamos comiendo maqui, una fruta típica del sur de Chile. Crecí rodeado de bosques de alerces, pinos, cipreses y araucarias. La tierra era fértil y existían grandes potreros para los animales. Había cultivos de trigo, porotos y maíz, pero lo que más se cultivaba era la remolacha, que se procesaba a unos 40 kilómetros de distancia, en las fábricas de Linares. De niño odiaba escarbar remolachas, un trabajo que consistía en aflojar la tierra alrededor de las plantas con un azadón. Pero tenía que hacerlo, porque era mi obligación.

La vida de los campesinos en la zona central de Chile era bastante dura en aquel entonces. Como no poseían tierras, trabajaban de inquilinos en los fundos de los terratenientes y por lo común sus familias eran muy numerosas. Mi padre trabajaba en el fundo Palomar Parral, uno de los más grandes del sector. Allí había gran cantidad de animales: vacunos, ovejas, cabras, cerdos, pollos y caballos, que el patrón entrenaba para participar con ellos en las carreras del Club Hípico de Santiago. Algunos inquilinos trabajaban sembrando, cultivando y cosechando la tierra, mientras otros se dedicaban al cuidado de los animales y hacían todo tipo de trabajos suplementarios. El patrón era un hombre muy enérgico y estricto, que siempre andaba con un chicote en la mano para golpear a quienes no hacían las cosas en forma debida. La gente no tenía otra alternativa que aceptarlo, porque era su única fuente de trabajo. Mi padre estaba a cargo de la cocina en la casa patronal y uno de sus tantos trabajos era fabricar la mantequilla.

Nuestra casa

Las familias de los inquilinos vivían repartidas por el fundo y nuestros vecinos más cercanos estaban a medio kilómetro de distancia. Se vivía en la soledad más absoluta, sin electricidad, sin agua corriente y sin calefacción. Teníamos un pozo en el patio y subíamos el agua en un balde amarrado a una soga.

En invierno nos despertábamos con los agujeros de las narices ennegrecidos de tanto respirar el humo de los braceros y las chonchonas.

Nuestra casa era de adobe y tenía techo de tejas, lo cual era muy moderno en aquel entonces, pues generalmente las casas de los inquilinos tenían techo de mimbre. Había solo dos piezas y una antesala que nos servía de comedor y sala de estar. En una de las dos habitaciones dormían mis padres y en la otra todos los hermanos, de a dos por cama. Cocinábamos en el patio, con un horno de barro y una antigua cocina a leña.

Recuerdo que a los siete años tuve que encender el horno nuevo que nos instalaron cuando el viejo dejó de funcionar. Como era la primera vez que lo hacía estaba muy nervioso y no me percaté de que ya estaba caliente. Entonces me acerqué a la boca del horno con trozos de leña untados en parafina. La llama me produjo serias quemaduras, pero afortunadamente la señora del patrón me llevó a la clínica de la ciudad más cercana para que me curaran.

A los más chicos no se les pega

Mi mamá era muy cariñosa conmigo. Mi padre, en cambio, era estricto y nos pegaba a menudo. En una oportunidad, mientras mi hermana recogía la mesa se le cayeron los platos de la mano y se hicieron añicos en el suelo. Mi padre se levantó para pegarle, pero uno de mis hermanos se interpuso:

- ¡Esto no puede seguir así! – le gritó.

- Tú nunca más vuelvas a meterte en mis cosas – contestó mi padre, enfurecido.

Fue un santo remedio. Desde ese día nunca volvió a pegarle a mi hermana, pero al cumplir los dieciocho años fue mi hermano quien recibió la zurra de su vida, que lo hizo despedirse para siempre del sueño de la infancia. "Ahora sabes lo dura que es la vida", le dijo mi padre. Creo que a él le deben haber pegado mucho en su infancia y que esto fue simplemente la continuación de esa tradición.

Yo fui el que menos golpes recibió, porque si mi padre me levantaba la mano, mi madre salía en mi defensa gritándole: "A los más chicos no se les pega". Esto despertó la envidia de mis hermanos mayores, que comenzaron a pegarme cuando mi mamá no los miraba. Además, me contaban historias terroríficas en las noches. Sabían que eso me daba mucho miedo y me revolvía el estómago, lo que me obligaba a correr en medio de la noche a un baño que quedaba al fondo del patio. Era un trayecto largo y lleno de sombras. Muchas veces no alcancé a llegar y me hice en los pantalones, muerto de miedo.

Un día, uno de mis hermanos me dijo que si me frotaba los ojos con ají verde se me pondrían verdes también. En mi inocencia yo se lo creí. Pero los ojos se me hincharon y comenzaron a arder. Fue una verdadera tortura. Como correspondía, mi hermano recibió una paliza, pero eso no impidió que diera a conocer la anécdota por todas partes.

Como en casa no había dinero, teníamos que fabricarnos los juguetes. Recuerdo que un día hicimos una carretela con restos de cercas, pedazos de metal y unas ruedas viejas. Nuestro auto era una varilla de mimbre con un manubrio de alambre. A veces jugábamos con los hijos del patrón, pero casi siempre terminabamos mal porque eran muy mandones y nosotros nos negabamos a cumplir sus órdenes. Ellos iban a un colegio en la ciudad y nosotros asistíamos a la escuela rural. Nos veíamos poco. A mí me gustaba más entretenerme con los animales, andar a caballo en pelo o correr tras los corderos y los terneros.

Siendo yo el menor todos me protegían. Cuando salíamos a cabalgar nunca me permitieron ir sentado adelante. Siempre me tocaba irme atrás, agarrado a las espaldas del jinete. "Adelante es muy peligroso" –me decían. Pero un día hice un escándalo tan grande que mi hermano me permitió sentarme delante de él con las riendas en la mano. Íbamos camino al pueblo cuando de repente el caballo se espantó, dio un brinco y se puso a correr desbocado.

Yo no lo pensé dos veces y me tiré al suelo mientras cruzábamos un pastizal, con tan mala suerte que me quedé enganchado en unos alambres de púa. Mi hermano llegó corriendo a ayudarme. Tenía las espaldas llenas de cortes y sangraba. Al llegar a casa mi madre se impresionó mucho y me curó las heridas pero, por suerte, el caso no pasó a mayores.

Recién cuando cumplí trece años me confiaron un caballo y pude montarlo solo.

Un día le aposté a mi hermano que ganaba la carrera de vuelta a casa y nos pusimos a galopar por el camino. De pronto mi caballo dobló sin aviso y se metió a unos corrales.

Yo salí volando por el aire, pero no me pasó nada. Era el sitio donde les daban de comer. Seguro que el caballo tenía hambre.

Los hermanos teníamos nuestras obligaciones diarias. Yo por la tarde separaba las vacas de los terneros para tener leche que ordeñar a la mañana siguiente. Además, metía las ovejas al corral y de madrugada les abría el portón para que salieran a pastar. Con mis hermanos salíamos por los potreros recogiendo el abono de los animales, el mejor fertilizante para las plantas. Otros trabajos que nos asignaban eran cosechar papas, acarrear sacos, cortar leña y arrancar de la tierra las matas de porotos. Yo odiaba esto último y era el más lento en trabajar de todos mis hermanos.

Un día fui con uno de ellos a escabar remolacha a la parcela de un vecino. Mi hermano era rápido y en un santiamén estuvo listo. Yo necesitaba semanas para escabar lo mismo. Ganábamos tan poco que no valía la pena salir de compras. Además, en toda la zona no había más que una pulpería con lo estrictamente necesario: azúcar, arroz y sal. El resto se conseguía en la ciudad. El día de pago, mi padre y mi madre partían para allá en carreta a comprar.

Mi sueño de niño era conocer esa ciudad llamada Parral y en una oportunidad viajamos para allá con mi mamá en micro. Desde que nos subimos hasta que nos bajamos no hice más que torpedearla con la misma pregunta: "¿Llegamos ya a Parral?" Para mí no había nada más grande. Me imaginaba una metrópolis y, en efecto, la ciudad me pareció enorme. Había negocios por aquí y por allá y un mercado donde se podía comprar de todo. Nosotros sólo buscábamos aquellas cosas que no había en nuestra zona. Levadura, por ejemplo. O latas de conserva. El resto lo producíamos nosotros mismos.

Mi madre fabricaba pan de horno todos los días. Al desayuno comíamos una sopa con churrasca y de lunes a sábado almorzábamos porotos en diversas versiones: porotos con papas, porotos con riendas y otros. Los domingos comíamos cazuela de pollo y, a veces, carne seca y ahumada de cerdo. Todos los años se mataba un cerdo, lo que nos permitía comer carne durante doce meses.

Mi madre nos cosía la ropa en una máquina Singer que funcionaba con una manivela. Yo no tenía más que dos pantalones, uno para los días hábiles y otro para los domingos y festivos. El fin de semana se lavaba el pantalón sucio para tenerlo limpio a la semana siguiente.

Fiesta de San Antonio

Todos los domingos íbamos a misa. La capilla quedaba en el fundo Villa Rosa, de propiedad del hermano de nuestro patrón quien, al parecer, tenía buenas relaciones con la iglesia. El cura era amigo de su familia, pero los niños le teníamos miedo porque era un hombre grande de vozarrón muy potente. La primera comunión y la confirmación eran celebraciones muy especiales. Para la confirmación venía incluso el obispo, que era recibido con bombos y platillos mientras caminaba sobre una alfombra de flores que los niños le tendíamos sobre el suelo. Era una fiesta muy grande. Lo recuerdo bien. Ese día me regalaron una taza de leche con cacao que no me gustó para nada. Desde ese día odio el chocolate.

La navidad se celebraba modestamente. En casa no había regalos y el patrón era el único que pasaba repartiendo dulces y pequeñeces para los más chicos. En Chile la navidad cae en la época en que maduran las cerezas.

Nosotros decorábamos con copos de algodón un árbol lleno de cerezas que teníamos en el patio y teníamos nuestro árbol de navidad. La nochebuena se celebraba con una comida especialmente deliciosa, pero la fiesta más linda de todas era la de San Antonio. En Chile este es un Santo muy venerado y, ya que tres de mis hermanos llevaban Antonio en el nombre, en casa la fiesta se celebraba en grande. Asistían todos los vecinos, había música y baile, se tomaba vino y se comía en abundancia. Mi padre era buen bailarín y mi madre cantaba muy lindo acompañada de la guitarra. Los vecinos también organizaban fiestas en sus casas y nos invitaban. En junio celebrábamos la fiesta de San Juan y en octubre la de San Francisco. Son bellos recuerdos de una infancia feliz.

En la escuela rural

Todos los niños de los alrededores asistían a clases en la escuela rural del fundo Villa Rosa, perteneciente a un hermano de nuestro patrón. Quedaba a cinco kilómetros de distancia y los recorríamos a pie. Otros alumnos llegaban a caballo y durante las horas de clase los dejaban amarrados a un poste. Los cursos tenían entre veinte y veinticinco alumnos. Antes de entrar a la sala de clases nos controlaban la limpieza del cuello, las uñas y los oídos. La directora era sumamente estricta. A las ocho en punto cerraba la puerta. Los que llegaban atrasados se quedaban afuera y tenían que volver con uno de los apoderados para que ella les permitiera reintegrarse a las clases. Había niños que faltaban porque tenían que ayudar en casa. Mi hermana mayor nunca pudo asistir regularmente y se quedó sin aprender ni a leer ni a escribir.

Cada alumno recibía una bolsita con jabón, pasta y cepillo de dientes y una toalla. Nos obligaban a lavarnos los dientes después de comer. Eso era parte de la educación que se nos impartía. A mí eso me gustaba mucho. Al que no traía la bolsita higiénica no se le dejaba entrar a clases y tenía que regresar con uno de sus apoderados.

Los profesores también eran muy estrictos. Algunos nos pegaban con una regla larga en las manos o nos tiraban las orejas y el pelo cuando estábamos distraídos o no sabíamos responder a sus preguntas. Teníamos una profesora que siempre nos hacía leer en voz alta frente a todo el curso. A mí eso me costaba mucho esfuerzo y rogaba para que ella no me sacara. Siempre que me tocó el turno fracacé rotundamente. Yo no tenía a nadie que me apoyara para aprender a leer bien. Mis padres eran analfabetos, mis hermanos no se metían en eso y en la escuela no tenían cursos especiales para ayudar a los alumnos más lentos. Además, nuestros profesores dejaban mucho que desear. Los mandaban a educar niños en las escuelas rurales sin capacitación alguna.

La escuela era de un piso y estaba en pésimo estado. Se veía que era antiquísima. Tenía las paredes inclinadas, tanto que hubo que trancarlas para que no se cayeran.

En invierno las salas de clases parecían neveras. Nosotros nos calentábamos las manos con unos braseros portátiles que fabricábamos metiendo brasas en latas de conserva. Bajo esas condiciones el alumnado no podía concentrarse. Recuerdo que al llegar yo a séptimo básico la situación se puso muy tensa. Nuestra indignación por el estado en que se encontraba la escuela creció y en un arrebato de odio destruimos el mobiliario y echamos abajo el inmueble. Nuestros padres no nos pegaron. Por el contrario, se solidarizaron con nosotros. "Ahí no se podía estudiar", dijeron. Finalmente, las autoridades decidieron construirnos una escuela nueva en el mismo lugar, con capacidad para doscientos alumnos.

Mi ramo preferido era Ciencias naturales, mientras que Castellano y Matemáticas eran los que más odiaba. Me encantaba mirar la estructura de las hojas a través del microscopio, aprendí mucho acerca de la flora y la fauna de mi país y me interesé por el cuerpo humano.

Yo no quería vivir la vida de un campesino sin educación, como mi hermana mayor que apenas completó las preparatorias. Mi sueño era irme a estudiar al liceo de Parral.

Un rumor pérfido

De un día para otro echaron a correr el rumor de que mi padre le robaba al patrón. Lo único cierto de esa perfidia era que la señora del patrón le había permitido llevarse los restos de comida para alimentar a nuestros animales. La envidia de los demás inquilinos era tan grande que se lo contaron al patrón. Mi padre se defendió diciendo que era mentira, que él nunca había robado nada, pero el patrón no quiso escuchar y lo despidió. Yo creo que el motivo para echarlo fue otro. Mi padre era uno de los miembros más activos del sindicato y luchaba por los derechos del campesinado.

Desde octubre de 1970 el presidente del país era Salvador Allende, un socialista. Las primeras medidas de su gobierno habían sido estatizar el cobre, expropiar a los poderosos empresarios extranjeros que operaban en el país y poner en marcha la reforma agraria. El objetivo de Allende era expropiar 20.000 hectáreas de tierra a los hacendados para entregarlas al campesinado.

¿Acaso el patrón de mi padre temía perder sus propiedades? Yo pienso que sí y se aprovechó del caso para deshacerse de un posible inquilino revoltoso. Por aquel entonces yo recién estaba entrando a la adolescencia y no prestaba mucha atención a los procesos políticos, pero mi hermano Sergio sí lo hacía. Él era militante socialista, como el Presidente de la República. Al enterarse de lo sucedido tomó en sus manos las riendas del asunto y contrató un abogado. Acto seguido se presentó una querella ante los Tribunales de Justicia. El patrón perdió la causa y tuvo que recontratar a mi padre, pero ya no fue lo mismo. Pudimos seguir viviendo en el fundo, pero mi padre ya no quiso seguir trabajando en la casa de su acusador. "Si no confían en mí no volveré a poner un pie en ese lugar", nos dijo. A partir de ese momento solamente se ocupó en los campos y en los establos.

Todo cambió

Llegó el mes de septiembre de 1973. Yo ya cursaba octavo básico en la escuela rural y un día mis compañeros llegaron diciendo: "La vaquita se murió. Ya no da más leche".

En esos momentos no comprendí el mensaje, pero pronto me quedó todo claro. Salvador Allende estaba muerto. El hombre que poco después de llegar a la presidencia ordenó que a cada niño del país se le diera un litro de leche diario. Después de bombardear el palacio de gobierno la soldadesca golpista entró para capturarlo, pero lo hallaron muerto. Se había suicidado. Por eso es que la vaquita ya no daba leche.

A partir de esos momentos se apoderó del poder una Junta Militar encabezada por el general Pinochet y se desató una represión despiadada contra los seguidores de Allende. Muchos cayeron presos. Entre ellos Sergio, mi hermano. Le pegaron, lo torturaron, lo obligaron a beber orines. Finalmente lo trasladaron a la cárcel de Linares, mientras su mujer embarazada sufría sin saber lo que iba a pasar con su marido.

Pero eso no era nada comparado con lo que vendría.

13 de octubre 1973

Mi madre estaba muy enferma. Como nosotros temíamos lo peor, mi hermano Gilberto Antonio, que vivía en Santiago, llegó a verla junto con su mujer y sus hijos. El viaje constituía un gran riesgo para ellos, ya que mi hermano era militante comunista. Durante algunos días se quedó en nuestra casa, hasta que mi madre comenzó a sentirse mejor.

El viaje de regreso a Santiago estaba programado para el sábado 13 de octubre y los pasajes en tren fueron comprados. El viernes hicimos una comida de despedida y al atardecer Gilberto partió a la casa de sus suegros, donde estaba alojada su mujer y sus hijos. Quedamos de encontrarnos a la mañana siguiente en la estación de ferrocarriles de Parral para despedirnos.

Esa noche mi otro hermano y yo trancamos la puerta del dormitorio por dentro antes de irnos a dormir y, alrededor de las cinco de la madrugada, nos despertamos con fuertes golpes y voces que gritaban: "¡Abran o entramos a balazos!". Nuestro perro, que normalmente se ponía a ladrar en casos como ese, encogió la cola y se escondió. Mi padre se levantó y descorrió la tranca. La puerta se abrió y un grupo de carabineros con las armas desplegadas entró a la casa.

"¿Dónde está Gilberto? – preguntaban. Mi padre les decía que Gilberto no estaba allí, pero no le creyeron y comenzaron a allanar la casa. De pronto echaron abajo la puerta del dormitorio donde dormíamos los hermanos.

"¡Aquí está Gilberto escondido!", gritó uno de ellos.

"¡Esos son mis hijos menores!", exclamó mi padre, para que no dispararan. Nosotros nos quedamos paralizados en la cama. Mis hermanas se habían acurrucado en un rincón y temblaban de miedo. Como no encontraran a Gilberto, se llevaron a mi padre para interrogarlo. "Ya te acordarás de dónde está tu hijo", le decían. Nosotros lo vimos partir y nos quedamos sin saber qué hacer.

A eso de las nueve de la mañana, finalizado ya el toque de queda, apareció mi cuñada y nos contó llorando que los carabineros también habían allanado la casa de sus padres, habían golpeado severamente a sus hermanos y se habían llevado detenido a Gilberto.

¿Qué hacer?

Estábamos desesperados. ¿Qué podíamos hacer? Mi madre sufrió tanto con la desaparición de mi padre y de mi hermano mayor que durante días no tuvo fuerzas para levantarse. En casa decidimos no tocar el tema en su presencia. A pesar de la tragedia que estábamos pasando yo no quería quedarme sentado de brazos cruzados y convencí a mi hermano de ir conmigo a la ciudad para tratar de conseguir informaciones. Llegando a Parral nos fuimos a la comisaría de carabineros, pero no nos sirvió de nada. Lo único que nos dijeron fue que nos tranquilizáramos y esperáramos con calma, porque ya aparecerían. Eso fue todo.

Luego, nos apersonamos en la municipalidad y tratamos de obtener una entrevista con el alcalde, pero él se negó a recibirnos. Entonces, mi hermano y yo nos sentamos en la escalinata de entrada al edificio, dispuestos a no movernos de allí hasta que nos recibieran, aunque era grande el riesgo de que aparecieran los carabineros y nos arrestaran.

Horas más tarde el alcalde cambió de opinión y nos recibió en su oficina. Creo que fue la secretaria quien lo convenció de atendernos. Ella se apiadó de nosotros desde un principio.

Pero el alcalde no nos pudo ayudar. Nos dijo que él no estaba informado del caso y que tampoco estaba familiarizado con el tema de nuestra consulta. Finalmente, nos repitió lo que ya nos habían dicho en la comisaría. Que nos fuéramos a la casa y esperáramos tranquilos.

Yo estaba a punto de cumplir quince años y mi deseo más profundo en esos momentos era poder celebrarlos en compañía de toda mi familia, incluidos mi padre y mi hermano desaparecidos. Pero el 13 de octubre le había puesto un fin abrupto a mis sueños infantiles.

Pasaron las semanas y no se oía nada nuevo. Padre y hermano seguían ausentes. Mi madre sufría mucho, llena de miedos y preocupaciones. Tuvimos que irnos de la casa porque ya no teníamos quién nos pagara el sustento.

Gracias a Dios mi hermano Luis Antonio y su familia nos pudieron albergar por un tiempo en su casa, que era pequeña y quedaba en un lugar vecino. No fue nada fácil para ellos. De un día para otro la familia creció y tuvieron que hacerle espacio a una madre con tres hijos menores.

En diciembre de 1973 me gradué en la escuela rural y entré a estudiar en el liceo de Parral. Como apenas teníamos dinero para comer yo no podía comprarme un pasaje en micro, así es que me iba a pie, caminando 15 kilómetros de ida y 15 de vuelta. Si tenía suerte hacía dedo y alguien me recogía en el camino. Casi siempre me atrasaba. Cuando llegó el invierno comencé con los resfríos y los dolores de oído. Eran tantas las lluvias y el viento frío que andaba con la ropa mojada todo el día.

Cuando los dolores de oído se hicieron insoportables mi cuñada me examinó y constató que me salía sangre y pus por las orejas. Era imprescindible visitar un médico. Pero yo no estaba asegurado y no tenía cómo pagar. Entonces, ella me consigió la tarjeta de seguro de uno de sus hermanos menores, que algo se me parecía. Con esa tarjeta me presenté ante el médico y él me atendió sin darse cuenta del engaño. Era un delito grave usar una identidad falsa. Su veredicto fue muy claro y categórico: se me habían reventado los tímpanos y tenía que operarme de urgencia. Años más tarde, cuando mi situación personal se mejoró, pude operarme más de una vez y logré superar en parte este gran problema.

Una vez me fui a vivir a la casa de un tío que tenía en Parral, pero él no era capaz de cubrir mis gastos y tuve que irme de ahí. Necesitaba ganar dinero. Me conseguí trabajo en la consulta de un médico y me mudé a vivir a una casucha que la familia tenía en el jardín de su casa. Durante el día me ocupaba del jardín y ayudaba en lo que podía en la consulta médica, mientras por las noches asistía a clases vespertinas en el liceo. El médico era un tirano y me trataba peor que a un perro. Su familia igual. Jamás me invitaron a comer con ellos. Era indigno sentarse a la mesa junto a un joven que era hijo y hermano de gente desaparecida.

Cuando no soporté más ese trato indigno me fui a Linares. Mi hermano Sergio, que seguía preso, tenía allí un departamento que mi cuñada embarazada abandonó para irse a vivir con sus padres. Yo, por mi parte, me mudé al departamento desocupado y me matriculé en el liceo de Linares, el primer centro urbano donde yo puse el pie y que realmente merecía el nombre de ciudad.

Linares

Antes de caer preso, mi hermano Sergio había sido secretario general de una federación de campesinos y chofer de un dirigente socialista. Pero en la cárcel de Linares los presos tuvieron que inventarse otras ocupaciones para ganar un poco de plata y paliar en parte los sufrimientos de sus familias desamparadas. Siempre que yo iba a visitarlo, Sergio me decía: "Ven a verme todos los días y me traes material para trabajar". Él y otros de sus compañeros se habían convertido en zapateros y su lista de pedidos era bien larga: cuero, suelas, hilo, agujas, etc. Si yo conseguía las cosas más baratas, me podía quedar con la diferencia de precio. Esa era su forma de motivarme a visitarlo.

Sergio sabía que a mí no me gustaba entrar a ese recinto, pues siempre pensaba que me iban a dejar adentro. Cuando me acercaba al primer portón metálico sentía bombear mi corazón en el pecho. Luego venía la segunda puerta metálica, donde para pasar había que mostrar los documentos, vaciarse los bolsillos, poner todo lo que se traía sobre una mesa y permitirle a un gendarme que te registrara de arriba abajo. La bolsa con los materiales de zapatería quedaba allí y se la entregaban a mi hermano una vez terminada la visita.

Después de pasar por una tercera puerta metálica aparecía el patio interior, donde uno se encontraba con el pariente preso para conversar de pie frente a un mesón. Los guardias siempre estaban ahí para vigilarnos. Los horarios de visita eran diarios. De nueve a doce de la mañana y de tres a seis de la tarde.

Yo salía muy asustado de ahí y me iba corriendo a mis clases vespertinas. Pero me costaba mucho concentrarme.

No dejaba de pensar en mi desgracia. ¿Cuándo terminaría ese martirio? ¿Me tomarían preso algún día? ¿Llegaríamos a conocer el paradero de mi padre y de mi hermano? Mis preocupaciones eran temas muy conflictivos y no podía hablarlos con nadie. Mis compañeros de clase me hacían callar. Los afectados por la desaparición de algún familiar lo disimulaban. Jamás mencionaban el tema. Pero yo lo hice público y me miraban raro.

En una ocasión le escribí una carta al presidente Pinochet y le pedí a mi profesora que la revisara y corrigiera los errores de ortografía. Pero ella se negó a hacerlo. A la oveja negra del curso no se le hacían esos favores.

Pasó el tiempo. Ya hacía más de un año y medio que no teníamos noticias ni de mi padre ni de mi hermano. Era desesperante, pero yo no estaba dispuesto a claudicar y me propuse continuar la búsqueda. Tenía la esperanza de que, siendo yo un menor de edad, no me ocurriría nada malo.

Trabajo juvenil

Gracias a las hermanas de mi cuñada supe de la existencia de un grupo de jóvenes católicos que se reunían periódicamente. Un día les mostré interés en tomar contacto con ellos y me invitaron a participar en sus encuentros. A mí me hacía muy bien asistir. Leíamos la Biblia y discutíamos sobre temas religiosos y sociales. Además, ayudábamos a los monaguillos a preparar la misa. De pie junto al altar cantábamos canciones acompañados de guitarra. En las vacaciones salíamos a acampar a los cerros. La mayoría de los jóvenes estaba al tanto de mi situación y rezábamos juntos. La cercanía de Dios me daba fuerza y la pertenencia a un grupo también. Por fin tenía gente alrededor con la cual podía hablar de mis problemas y mis temores.

Después de un tiempo fui yo quien comenzó a dirigir grupos de jóvenes cercanos a la iglesia. Si las muchachas tenían dificultades para que sus padres las autorizaran a participar, eso no era problema. Yo tenía muy buen contacto con los apoderados y confiaban en mí: "Si tú estás a cargo no tenemos nada en contra de que nuestras hijas se integren", me decían.

Pero ellos no estaban informados de mi verdadera situación. Sólo me conocían por fuera.

Mi primer romance

Fue en esa época que mi mejor amigo y yo comenzamos a ofrecer seminarios al alumnado de nuestro colegio. Teníamos un problema serio. El trato entre alumnos y profesores era pésimo. No había respeto alguno. Por tal motivo nosotros preparamos un seminario dedicado al tema del respeto, donde se trataba de encontrar respuestas a preguntas como ¿Por qué voy a la escuela? ¿Cuál es mi objetivo personal? ¿Cómo debo comportarme frente a otras personas?

Nos dimos a conocer rápidamente y hasta nos invitaron a ofrecer seminarios a otras escuelas. En una de esas ocasiones me vio la hermana de una de mis compañeras de curso y parece que le gusté mucho, pues entre las dos tramaron un plan para que nos viéramos. Fue amor a primera vista, pero había un problema: su padre era carabinero. Un admirador de Pinochet igual que su hermano. Ninguno de ellos debía enterarse de que mi polola tenía romances con un pariente de gente desaparecida. La única que conocía nuestro secreto era la madre y ella nos decía: "quiera Dios que mi marido nunca lo sepa".

Había que mentir todo el tiempo. Si nos veíamos en su casa, al papá se le decía que estábamos estudiando para una prueba. Yo un día me cansé de ese jueguito y comenzamos a vernos a escondidas. No quería seguir fingiendo algo que no soy. Además, estaba harto de restricciones. El toque de queda, por ejemplo. Era obligatorio regresar a casa antes de la nueve de la noche. Si te pillaban en la calle a partir de esa hora te podían matar sin que nadie lo supiera.

En realidad, era una situación muy delicada para mí y para mi amada. Si el padre llegaba a enterarse de las cosas en que yo andaba metido bien podían secuestrarme y hacerme desaparecer.

Mis actividades

El cura de la iglesia fue quien me motivó a vincularme con las organizaciones de familiares de desaparecidos y participar de sus actividades.

Había un solo lugar en Linares donde se podían juntar personas críticas al régimen. Ese lugar era la sede del Obispado. Hasta allí llegaban los que no encontraban oído en la sociedad: familiares de presos y desaparecidos, cesantes y desposeídos. El obispo Carlos Camus y algunos colaboradores organizaban a estas personas y las ayudaban a hacer públicas sus justas reivindicaciones.

Yo me puse a trabajar con ellos. Eran personas con una biografía muy semejante a la mía. Todos se sentían aislados en su propio país, rodeados por un muro de silencio. Ahí tomé conciencia de que no estaba solo con mi dolor y me armé de valor para continuar mi búsqueda.

Me hacía bien ayudar a gente que estaba pasando por los mismos sufrimientos que yo.

Una de mis tareas era averiguar quiénes eran los parientes de los desaparecidos y encarcelados de la zona de Linares y luego tratar de ubicarlos. Había muchos secuestrados que después de los interrogatorios y la tortura recobraban la libertad, pero no se atrevían a presentar una querella por temor a las represalias. Tanto era el miedo, que incluso había padres que habían perdido hijos, pero no se atrevían a confesarlo. Ese era el efecto de la represión y el maltrato. Un pueblo atemorizado, cabizbajo y mudo. El terreno más fértil para instalar en el país un régimen autoritario.

Yo trataba de ganarme la confianza de los familiares y cuando nos veíamos les contaba las cosas que a mí me habían sucedido. Eso los impresionaba y los motivaba a hablar. Gracias a esas conversaciones me pude enterar de muchos casos. Yo quería que esa verdad no se ocultara más y me aprovechaba de cualquier situación para decirles que se unieran a nuestro grupo, porque eramos más fuertes si estábamos juntos. Otra de las tareas era presentar recursos de amparo a la Corte Suprema, pues nuestro objetivo era lograr una investigación oficial de las desapariciones. Mientras más detalles se conocían, mejor: sitio y hora del secuestro, nombres de testigos, etc. Todo eso se incluía en una declaración jurada que tenían que firmar los familiares. Pero muchos se negaban a hacerlo por temor a las represalias.

Ningún periódico, ningún programa de televisión, ninguna emisora de radio daba a conocer en esa época los abusos diarios de la dictadura. Eran un tabú. Pero nosotros queríamos llenar ese vacío y un día decidimos imprimir un gran número de volantes con el rótulo "¿DÓNDE ESTÁN?", en el que dábamos a conocer todos los casos conocidos por nosotros.

Después de buscar varios días, encontramos una imprenta que estuvo dispuesta a ayudarnos y entonces nos fuimos con los volantes escondidos a distribuirlos por las calles de Linares. En Santiago era más fácil encontrar una imprenta clandestina, allá había mucho más recursos. Pero nosotros vivíamos en provincia.

Viajé varias veces los 350 kilómetros que separan a Linares de Santiago llevando listas de desaparecidos a la Vicaría de la Solidaridad, una organización eclesiástica de derechos humanos fundada por el Cardenal Raúl Silva Henríquez. El propio obispo de Linares me daba el dinero para pagar el viaje. Con el vuelto del pasaje me compraba un sándwich y una bebida. Eso tenía que alcanzar para todo un día. La sede estaba situada en pleno centro de Santiago, en Plaza de Armas 444, al lado de la catedral. Ahí había gente encargada de centralizar las informaciones que llegaban de todo el país. Yo les aporté muchos nombres. Siete tan solo de mi pueblo natal. Tenía que asistir personalmente por razones de seguridad. No era aconsejable usar teléfonos porque estaban interceptados, ni escribir cartas por temor a la censura.

Las arpilleristas

En Santiago tomé contacto con grupos de solidaridad formados en su mayoría por mujeres. Diariamente ellas se paraban a la puerta de las cárceles y hospitales solicitando información acerca de sus esposos e hijos secuestrados. Después, regresaban a la iglesia y se sentaban a coser arpilleras. En la Vicaría había talleres bien equipados y suficiente material. Ellas confeccionaban verdaderos cuadros usando restos de telas, que cortaban con lujo de detalles para narrar la historia de su sufrimiento bajo la dictadura y la opresión en su país. Estas obras de arte se vendían en el extranjero y el dinero se repartía entre todas. Durante el trabajo compartían sus vivencias y entrechaban lazos de amistad. El grupo pasó a convertirse en una nueva y gran familia, que reemplazó a la familia perdida. Un día decidieron organizar una protesta pública y salieron a la calle.

A veces yo tenía suerte y podía participar. Me sentía bien mostrando la cara por la justicia. Un día íbamos en una marcha de protesta a entregar una carta a los jueces de la Corte Suprema cuando, sorpresivamente, apareció un grupo de carabineros y comenzaron a disparar. Las mujeres me cubrieron y me pusieron a resguardo. Era su espíritu maternal. Yo era un menor de edad en aquel entonces.

Otro día, para que por fin se prestara oído a nuestra causa, fuimos al Palacio de Gobierno y nos encadenamos a un portón metálico. Al aparecer los carabineros, con lumas en la mano, una de las mujeres gritó "¡saquen al muchacho!". Sin perder tiempo me alejaron de ahí y me sentaron en un taxi que me puso a salvo. Nunca dejaban de protegerme, aunque a ellas las apalearan y las metieran a la cárcel.

Sergio

Mi hermano salió de la prisión en julio de 1976, sabiendo que el precio sería el exilio. Sergio estaba condenado a irse del país en compañía de su mujer y de su hija. Era una de las condenas más usuales de la época, que la dictadura instrumentalizaba para deshacerse de sus oponentes. La suerte era que había muchos países dispuestos a darle asilo a los expulsados. Obviamente, tú no tenías derecho a elegir. Estabas obligado a tomar el país que te tocara. Sergio obtuvo una promesa de visa para la República Federal de Alemania.

Tardó casi un año en recibirla. Como había sido preso político, en Chile no le daban trabajo en ninguna parte. La iglesia le prestó ayuda y él pudo abrir una zapatería, con la que se mantuvo a flote. Yo iba a veces para allá y lo ayudaba durante el día. Por la noche seguía asistiendo a clases en el liceo de Linares, pero cada vez con menos interés.

Toda mi atención estaba puesta en la causa de los desaparecidos. Hice el primer año y pasé de curso pero, a mitad de camino, dejé los estudios. Un día Sergio se enteró de las cosas en que yo estaba metido y me animó a seguir adelante. "Dale no más, cabrito", me dijo. No le conté toda la verdad para que no se asustara.

En Santiago había un grupo de mujeres en huelga de hambre. Pedían que una comisión internacional viniera al país a investigar el caso de los desaparecidos.

A mí la idea me gustó tanto que inmediatamente me puse a organizar una huelga de hambre en Linares, aunque la iglesia estaba en contra. El padre de un muchacho desaparecido fue a contarle al obispo lo que yo andaba tramando. El obispo me llamó y me advirtió: "Juan, te aconsejo que no lo hagas". Pero yo ya estaba lanzado y comencé a juntar frazadas, bidones con agua y paquetes de sal. Según me habían dicho, esas tres cosas eran indispensables para garantizar la vida a los huelguistas. Nuestra idea era quedarnos en la iglesia después de que terminara la misa e iniciar ahí mismo la huelga de hambre. Mi hermano Miguel era nuestro cómplice. Él se lo iba a informar al obispo y se lo daría a conocer a la prensa.

Pero poco antes del día previsto, recibí la noticia de que la huelga de hambre en Santiago se había suspendido. Gente de muchos países del globo se había solidarizado con ellos. La Corte Suprema estaba siendo bombardeada de peticiones provenientes de todo el mundo donde se exijía el esclarecimiento del caso de los desaparecidos.

Poco después de aquel incidente, en el invierno de 1977, Sergio abandonó finalmente Chile rumbo a Alemania.

De Catillo a la Colonia Dignidad

La Vicaría de la Solidaridad sabía pefectamente a qué comisarías eran llevados los detenidos en las diversas zonas del país, antes de desaparecer para siempre. La casa donde yo nací está en el distrito de la Comisaría de Catillo. A ese lugar fueron llevados mi padre y mi hermano el día de su captura. De ahí tenían que ser trasladados a la cárcel de Parral. Pero nunca llegaron a su destino. Según los carabineros ambos fueron liberados el mismo día, con la condición de que al día siguiente se presentaran en Parral.

Entre Catillo y Parral se encuentra la Colonia Dignidad, fundada por una secta alemana en 1961. La gente del sector tenía muy buena opinión de ese lugar. Era un ejemplo de disciplina y laboriosidad. Sus habitantes eran muy sociales, muy amables y colaboradores. En la época en que yo iba al colegio en Parral, gente de la Colonia Dignidad solía parar cuando les hacía dedo y me llevaban en auto. Yo jamás había pensado mal de ellos.

Dado que la huella de mi padre y hermano se pierde exactamente en ese lugar, decidí un día continuar allí con mi investigación. No era fácil entrar, pero se podía. Los encargados del control te pasaban una ficha que indicaba el motivo de tu presencia en la Colonia. Adentro tenían un molino. Los campesinos de la vecindad cambiaban allí el grano negro por el blanco para fabricar harina. Yo me metí con ellos. Lo primero que me llamó la atención fue ver mujeres acarreando pesados sacos. Eso nunca lo había visto. Había una clínica y un negocio donde se vendían herramientas agrícolas. Al fondo de un patio logré ver una puerta de rejas que tenía grabada una calavera. Cuando traté de acercarme oí por unos parlantes una voz que me ordenaba alejarme de ese sitio.

Años más tarde me vine a enterar de la estrecha relación existente entre la Colonia Dignidad y la Junta Militar. En ese recinto existía todo un sistema subterraneo de calabozos, pasillos y salas de tortura donde se entrenaban los futuros agentes del servicio de seguridad del dictador. La mayoría de los presos políticos que pasaron por allí no salieron con vida. Yo pienso que allí mataron a mi padre y a mi hermano.

Consulta Nacional

El día 16 de Diciembre de 1977 se dio a conocer una resolución de las Naciones Unidas criticando la violación de los derechos humanos en Chile y manifestando una gran preocupación por la desaparición de opositores al régimen militar. Poco antes de navidad señaló Pinochet en un discurso que tal resolución era un insulto a la dignidad del pueblo chileno y anunció una consulta nacional para el 4 de enero de 1978.

Obviamente, tal consulta no iba ser el resultado de votaciones libres. En Chile los partidos políticos de oposición estaban prohibidos y no existía otra prensa que la oficialista. Era una farsa. Los ciudadanos mayores de dieciocho años fueron obligados a participar bajo una fuerte represión. El secretario de gobierno, general Vidal, dijo en una declaración pública que él no recomendaba quedarse en Chile a nadie que votara por el NO. Quien no asistía a votar tenía que afrontar severas consecuencias. Un funcionario te pegaba una estampilla en el carnet de identidad, sin el cual el documento quedaba anulado.

Cuando yo iba a votar me preguntaron por mi preferencia y yo contesté abiertamente que era el NO. No podía ser de otro modo. Era perfectamente comprensible. Uno de mis hermanos estaba preso. Mi padre y otro de mis hermanos estaban desaparecidos. Yo no le podía decir SÍ a ese gobierno. En la cabina electoral había que marcar la cruz con un lápiz de mina, el cual podía ser borrado. Por eso me aseguré bien de que mi cruz quedara bien marcada en el NO.

La pregunta de la Consulta Nacional estaba formulada de la siguiente manera:

"Frente a la agresión internacional desatada en contra del gobierno de nuetra patria, respaldo al presidente Pinochet en su defensa de la dignidad de Chile y reafirmo la legitimidad del gobierno de la república para encabezar soberanamente el proceso de institucionalidad del país".

La cruz del SÍ se hacía en un cuadrado donde estaba ilustrada la bandera chilena.

La cruz del NO se hacía en un cuadrado blanco de bordes negros.

La situación se empeora

En la noche del 4 de enero un grupo de cinco jóvenes nos reunimos en la casa del obispo. Monseñor Carlos Camus acababa de llegar de Santiago y nos quería informar acerca de las nuevas declaraciones de la Conferencia Episcopal. Los obispos rechazaban categóricamente el resultado de la consulta nacional y lo comparaban con un show. Pinochet acababa de ganar con el 75% de los votos.

Don Carlos Camus nos advirtió: "Es peligroso salir hoy día a la calle. Los adeptos al régimen andan celebrando el triunfo. Por amor a Dios, no salgan." Después nos entregó una hoja donde venía impresa la declaración de los obispos, pero nosotros no le hicimos caso y nos fuimos a tomar unas cervezas.

Cuando íbamos cruzando la Plaza de armas, un grupo de carabineros comenzó a perseguirnos. "¡Arranquemos!", gritó uno. Pero yo me paré y les dije que no teníamos nada que temer, que no habíamos hecho nada malo, que no nos moviéramos del lugar. Como era de esperar, los carabineros nos rodearon y al registrarnos descubrieron la hoja de papel que nos había dado el obispo.

Al darse cuenta del contenido nos hicieron subir a patadas al bus que tenían estacionado al frente de la Catedral y ahí nos pegaron hasta cansarse. A mí me maltrataron más que nada en las espaldas y en la cabeza. De pronto comencé a perder sangre por los oídos. Hacía poco tiempo que me habían operado.

Por suerte, un niño que andaba por ahí fue testigo de nuestra captura y corrió a contárselo al obispo, que salió lo más rápido que pudo a la calle y se acercó al bus de los carabineros.

"¿Acaso tienen aquí detenidos a cinco jóvenes?", preguntó con voz enérgica.

"No, aquí no hay nadie", contestó uno de los carabineros, mientras los otros nos encañonaban con sus pistolas al interior del bus para que no osáramos meter bulla.

Al ser trasladados a la comisaría nos recibió un ofical de turno que ya estaba informado de nuestro caso. El obispo lo había llamado por teléfono e incluso enviado a un abogado que trabajaba junto a la Vicaría de la Solidaridad. Gracias a su gestión nos dejaron libres. Para evitarnos más problemas, el propio abogado nos fue a dejar en auto a nuestras casas. Cuando íbamos viajando nos contó que habían puesto una bomba en la puerta de entrada a su vivienda. Por suerte, un taxista había observado la escena y se lo informó a tiempo. Los agentes de la dictadura sabían que él salía en defensa de las víctimas de la represión y hacían todo lo posible por acallarlo.

Nosotros también estábamos siendo observados. Ese era el motivo por el cual los carabineros tenían un bus estacionado frente a la Catedral. Seguro que alguien nos delató cuando entramos a reunirnos con el obispo. Había gente mala que por un par de pesos era capaz de vender hasta a su madre.

Difícil decisión

Los sucesos de esa noche marcaron un hito en mi jóven existencia. El obispo se me acercó y me dijo: "Juan, aquí se te está poniendo muy pesada la pista. Tienes dos posibilidades: o te matan o te hacen desaparecer. Tu madre ya ha sufrido mucho. No creo que esté en condiciones de perder a otro de sus hijos. Te aconsejo irte del país. Sería bueno que tomaras contacto con Sergio. Quizás él pueda llevarte a Alemania". Yo nunca antes había pensado en eso. Pero, al parecer, no tenía otra alternativa.

Era difícil contactar a mi hermano para pedirle que me llevara al exilio. Tocar ese tema por teléfono o por carta era demasiado comprometedor. Por suerte, en Santiago conocí a una señora de la Agrupación de Familiares que iba a visitar a su hijo exilado en Alemania. Le conté mi problema y le pedí contactar a mi hermano en la ciudad de Nürtingen para que él comenzara a gestionar mi viaje.

Sergio reaccionó muy positivamente. Al poco tiempo encontró un otorrinolaringólogo que estaba dispuesto a operarme de los oídos y comunicó a través de unos mensajeros de Amnistía Internacional que no había obstáculos para mi viaje a Alemania. No obstante, transcurrió más de un año hasta que obtuve todos los documentos necesarios para salir del país.

A partir del día en que los carabineros nos apalearon en aquel bus estacionado en la Plaza de Armas me volví más cuidadoso. El mismo obispo me lo recomendó: "No salgas nunca de la casa sin decir adonde vas. Donde sea que te encuentres no olvides mencionar hacia donde te diriges, así te podemos seguir la pista en el caso de que te ocurra algo.

Sé cuidadoso y no te metas en conflictos. Ahora ya te conocen y te tienen entre ojos".

Esta vez tomé en serio su advertencia. Había un auto blanco que aveces me seguía cuando iba de regreso a casa. Cuando lo veía, yo cambiaba mi ruta y me escondía en el patio de alguna casa, a la espera de que mis desorientados seguidores perdieran la paciencia y se fueran.

Un día volví tarde a casa después de visitar a mi polola y me encontré con dos autos estacionados justo en el lugar donde yo tenía que cruzar la calle. Yo sabía que los agentes de seguridad solían capturar a sus víctimas en lugares apartados y bajo el manto de la oscuridad. Lleno de miedo pasé entre los dos autos, me subí a la vereda y me metí por un túnel de peatones. Al llegar al otro lado los dos autos me estaban esperando. Pero se pusieron lentamente en marcha y desaparecieron. Yo no hablé con nadie del asunto. Tenía un miedo tremendo de andar solo por la calle.

Bajo esas condiciones era muy difícil mantener la relación con mi pareja. Por un lado, nos amábamos y queríamos casarnos. Pero por otro, tarde o temprano su padre se percataría de que yo tenía desaparecidos en mi familia. Eso era imposible de impedir. La madre, que hasta allí nos había encubierto, comenzó a contarle a su hija que me había visto con otras mujeres, para que ella perdiera el interés en mí. Nuestro amor no tenía futuro. Además, yo estaba por irme del país. Por último, rompimos las relaciones y ella, presionada por su familia, aceptó casarse con un amigo de su infancia, que era militar y trabajaba para el gobierno.

Para proteger a mi familia yo nunca hablé en casa de mis actividades políticas. Todos creían que yo viajaría a Alemania para operarme de los oídos y que pronto estaría de regreso. Me daba mucha pena alejarme a mi madre, pero sentía un gran deseo por conocer otra realidad y empezar una vida nueva.

Mis amigos del grupo de la iglesía si que conocían los verdaderos motivos de mi viaje al extranjero y sabía que me ausentarían por mucho tiempo. Entonces, se organizó una fiesta de despedida con mucha música y baile. Algunos de mis amigos lloraron al despedirme. Yo era líder de grupo en aquel entonces.

Pero con mis veinte años aún no había alcanzado la edad necesaria para que me dejaran salir del país sin autorización de mis padres. En esa época eso recién era posible con veintiún años. Mi madre tampoco estaba autorizada para permitírmelo, ya que eso era obligación del padre. Siendo viuda sí lo hubiese podido hacer, pero ya que ella no poseía un certificado de defunción de su marido, no le reconocían ese estatus. En vista de esa dificultad, el abogado de la Vicaría de la Solidaridad habló con un juez de Santiago y él me otorgó un documento especial con el cual pude abandonar el país.

ROJAS VASQUEZ..........................

AUTORIZACION SALIDA DEL PAIS ....

ROL: 59155.............................

CERTIFICO: Que la copia autorizada ordenada dar en autos es
del tenor siguiente: vistos en mérito de lo expuesto en los
documentos exhibidos y de lo dispuesto en el art. 50 de la
ley 16618 se declara: que se autoriza para salir del país
al menor Juan Eduardo Rojas Vasquez para que viaje a Alemania
Federal por tiempo indefinido. El menor viajará solo. Antes:
regístrese y dese copia. Proveyó doña María Aguiló Pujol,
Juez Subrogante. Autorizó doña Ada Bajardo Reyes, Secretaria
Subrogante. Conforme con el original que se tuvo a la vista.
Santiago nueve de febrero de mil novecientos setenta y nueve.

Quinto Juzgado de Letras
de Menores

Ada Bajardo Reyes
Secretaria Subrogante.

SECRETARIA
SANTIAGO

44

Mi vida en Alemania

La llegada

El primero de agosto de 1979 me despedí de mis seres queridos y partí de Linares a Santiago en tren, con un pasaje que me pagó la Vicaría de la Solidaridad. Ya estando en la capital me apersoné en la Fundación de Ayuda Social de las Iglesias Cristianas, donde me entregaron mis documentos de viaje. Luego, un empleado me llevó en auto al aeropuerto y me explicó lo que tenía que hacer. Después se alejó sin despedirse.

Me quedé solo. Ya no había vuelta atrás. Mi mente en esos momentos era un caos y, nervioso como estaba, me metí a la cola del embarque. El vuelo hizo escala en Asunción, desde donde había que tomar la conexión a Bruselas, para hacer en bus el último trayecto a Frankfurt. Para mi sorpresa, tuve que alojarme una noche en Paraguay, pues el próximo vuelo salía al día siguiente. ¿Qué hacer? No tenía dinero para pagar el hotel pero, por suerte, un pasajero muy amable se apiadó de mí y me dijo: "No te preocupes, yo te lo pago".

El 3 de agosto llegué a Frankfurt y, por errores de información, mi hermano Sergio ya me esperaba desde hacía un día completo. Finalmente partimos a Nürtingen, la última estación de mi viaje. Allí la familia me dio la bienvenida con una exquisita comida y lo primero que hicimos fue resolver el problema que tenía con mis oídos.

Mis familiares se habían preocupado de tener todo organizado, así que, a las pocas semanas de haber llegado, partimos a Tübingen para hacerme una operación. Me pusieron implantes y eso me permitió volver a escuchar mejor, pero no quedé bien del todo. Hasta hoy sigo con dificultades. Pese a ello, ya habíamos dado un gran paso adelante y para festejarlo nos fuimos de vacaciones a Italia. Un verdadero lujo para mí.

Asilado

Gracias a las conversaciones que tenía con mi familia y con los compatriotas que venían de visita a la casa de mi hermano, me fui enterando de la verdadera dimensión de los crímenes de la dictadura de Pinochet. Yo conocía hasta allí solo una parte, aquella que me permitieron ver mis ojos de adolescente, de muchacho de campo en busca de su padre y su hermano desaparecidos.

Pero las cosas que me contaron en Alemania sobrepasaban con creces todo lo imaginado. Allí supe también que mi viaje iba a tener serias concencuencias para mí. Si se me ocurría volver a Chile podía terminar preso o desaparecido, pues la policía secreta tenía listas muy detalladas de todos los que salían al extranjero. Había muchos a quienes se les prohibía regresar.

Un día mi hermano me presentó a un abogado que me explicó claramente mi situación. Debo reconocer que su exposición me dejó sin habla. Yo tenía el plan de quedarme un par de años en Alemania y después regresar, porque no contaba con impedimentos de ningún tipo. Pero la idea de no poder volver me desconcertó completamente. Al principio no pude creerlo, pero, más temprano que tarde, me tuve que convencer.

Con la ayuda del abogado presenté formalmente una petición de asilo político y una vez más la iglesia chilena salió en mi ayuda. Para que el abogado pudiera justificar lo mejor posible su solicitud, el obispado de Linares le envió un documento oficial con todas las informaciones que se tenían acerca de mis actividades en la lucha por los desaparecidos. Yo me sorprendí mucho al leerlo. Estaba completísimo.

Pienso que ese documento fue vital para convencer a las autoridades responsables de tomar la decisión. A los seis meses, el 5 de mayo de 1980, me otorgaron el estatus de asilado político.

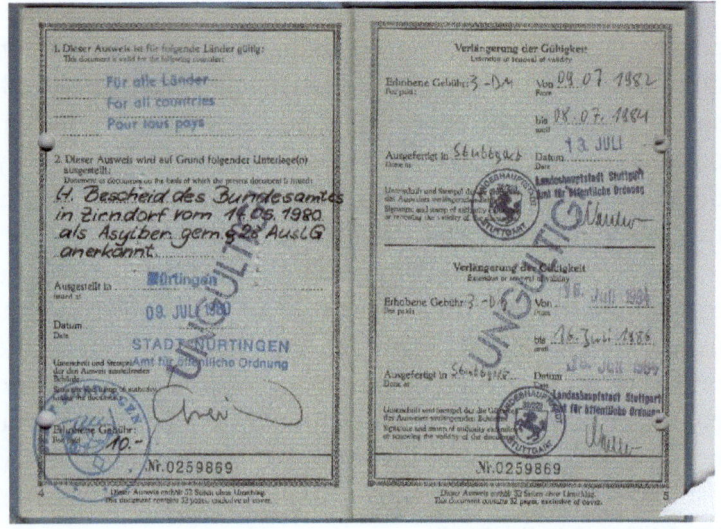

Amnesty International

Dear Bodo,

Thank you for your letter of 22 February regarding Mr Juan Rojas' application for political asylum in Germany.

The information available at the International Secretariat as well as our experience with individual cases leads us to believe that Mr Rojas' statement is truthful. We have checked many of the incidents mentioned in the statement with our own records and they are consistent.

People involved in the organization of committees of relatives of disappeared persons and activists of church organizations have been a major target of government repression during the last few years and many of them had to leave the country to avoid detention and torture.

The fact that the Chilean government has been unable to account for the two relatives of Mr Rojas who have disappeared after detention, makes him a likely target for arbitrary detention a illtreatment. Similar cases that have come to our attention would tend to confirm to above.

We sincerely hope that the German government will consider favourably Mr Rojas' application and will offer him political asylum.

Sincerely,

Javier Zúñiga
Americas Research Department

Der Bischof von Rottenburg-Stuttgart
Dr. Georg Moser

13. März 1980

Bundesamt für die Anerkennung
ausländischer Flüchtlinge
Rothenburger Straße 29

8502 Zirndorf

Betr.: Asylantrag Juan Eduardo ROJAS Vasquez,
geb. 15.10.1958 in Parral, Chile, vom 05.11.1979

Sehr geehrte Herren!

Das von Herrn Rechtsanwalt Bodo Büchner, Tübingen, am
5.11.1979 gestellte Asylgesuch, bitte ich wohlwollend zu be-
handeln und Herrn Juan Eduardo ROJAS Vasquez als politischen
Flüchtling anzuerkennen.

Aufgrund mir über chilenische und südamerikanische Bischöfe
zuteil gewordener Informationen über die politischen Ver-
hältnisse in Chile, halte ich die von Herrn ROJAS gemachten
Aussagen für glaubwürdig.

Mit freundlichen Grüßen

+ L.
Bischof

Carta del Obispo de Rottenburg-Stuttgart
Dr. Georg Moser

13 de Marzo de 1980

A la Oficina Federal para el Reconocimiento
de Refugiados Extranjeros
8302 Zirndorf

Referencia:

Petición de Asilo de Juan Eduardo Rojas Vásquez
(nacido el 15 de Octubre de 1958 en Parral, Chile)
del 5 de noviembre de 1979

Estimado Señor Larren,

Espero que Usted trate con benevolencia la petición de
asilo presentada por el abogado Bodo Büchner, Tübingen,
el 5 de noviembre de 1979 y que el señor Juan Eduardo
Rojas Vásquez sea reconocido como refugiado político.
    Según las informaciones obtenidas a través de obispos
solidarios chilenos sobre la situación política en ese país,
considero plausibles las declaraciones hechas por el señor
Rojas.

Saludos afectuosos de

Obispo Georg Moser

14.März 1980

betr.:Asylantrag des chilenischen Staatsbürgers
      Juan Eduardo ROJAS Vasquez

Sehr geehrter Herr Rechtsanwalt,

als Vorstandsmitglied der " AKTION ZUR BEFREIUNG DER POLITISCHEN
GEFANGENEN IN CHILE E.V. " möchte ich bestätigen, daß ich den
Bericht des Herrn Rojas Vasquez über dessen politische Verfolgung
in Chile nach den vorliegenden Informationen und nach meiner eigenen
Erfahrung in Chile für glaubhaft halte.
Wir kennen die Fälle zahlreicher Chilenen, die schon deshalb aus
politischen Gründen verfolgt wurden, weil sie in einer der kirch-
lichen Gruppen mitgearbeitet haben, in welcher Angehörige von
Gefangenen und Verschwundenen das Schicksal ihrer Verwandten aufzu-
klären versuchten.
Die von Herrn Rojas Vasquez in seinem Bericht genannten kirchlichen
Gruppen sind mir - meistens persönlich - bekannt.

Ich hoffe daher sehr, daß Herr Rojas Vasquez als Asylberechtigter
in der Bundesrepublik Deutschland anerkannt wird.
Gern stehe ich für weitere Auskünfte gern zur Verfügung, wenn diese
der Sache dienlich sein können.

Mit freundlichen Grüßen

(Helmut Frenz)

Carta de Helmut Frenz

52

14 de Marzo de 1980

Referencia:
Petición de asilo político por el ciudadano chileno
Juan Eduardo Rojas Vásquez

Estimado Señor abogado,

Como Presidente del Directorio de "Aktion zur Befreiung der politischen Gefangenen in Chile e.V." (Acción por la liberación de los presos políticos en Chile) quiero dejar en claro que, de acuerdo a las informaciones de que dispongo y a lo visto por mis propios ojos en ese país, las declaraciones del señor Rojas Vásquez me parecen absolutamente plausibles.

Nosotros conocemos innumerables casos de chilenos que pasan a ser perseguidos políticos por haber trabajado junto a grupos de cristianos que apoyan a familiares de detenidos y desaparecidos.

Los grupos cristianos a los cuales el señor Rojas Vásquez se refiere en sus declaraciones me son conocidos. Muchos de ellos por experiencia propia.

Tengo la esperanza de que el señor Rojas Vásquez sea reconocido como refugiado político en la República Federal de Alemania.

Estoy a su plena disposición para entregarle más informaciones que puedan servir a este propósito.

Saludos afectuosos de

Helmut Frenz

Yo tenía suerte de vivir en la casa de un hermano que ya estaba instalado. Eso me salvó de muchas cosas. Nunca me sentí solo, por ejemplo, y hasta conseguí, gracias a unos contactos de Sergio, que me dieran trabajo en una fábrica de esponjas de la ciudad. Eso me pareció una consecuencia clara del paso que acababa de dar al aceptar el asilo. Si no podía volver a Chile tenía que integrarme, con todas las de la ley.

Sergio era de otra opinión. Él había llegado de 31 años y ya no era tan abierto como un muchacho de mi edad. Sufría mucho pensando en Chile y, además, se sentía un poco culpable por lo que había sucedido con nuestra familia. Fue el primero en meterse en la política y, según él, ese había sido el chispazo inicial de toda nuestra tragedia. Aquel pensamiento lo perseguía día y noche. Sergio enfermó y murió a la edad de 62 años, con la esperanza de que volvería pronto a vivir en su patria. Sin embargo, a decir verdad, si no regresó fue por sus hijos, que se negaron a irse con él. Sergio nunca se integró realmente y se resistía a hablar en alemán con ellos.

Yo, sin embargo, tenía una vida por delante y quería aprovecharme de todas las posibilidades que se me daban. El idioma alemán se interponía a mis deseos de integración, por lo que me matriculé en un curso y comencé a estudiarlo. Fue muy difícil para mí y llegué a pensar que era una misión imposible. Me parecía una lengua muy extraña, tanto o más que los mismos habitantes de Alemania. En esa época yo ni siquiera tenía contacto con jóvenes de mi edad.

Había más cosas que me extrañaban. El culto religioso, por ejemplo. En Alemania las misas eran muy distintas a las que yo conocía del sur de Chile. La gente no se movía al ritmo de la música, no aplaudía y cantaba en voz baja. Todo era muy serio y formal. No obstante, bajo el techo de la iglesia, terminé conociendo a personas muy gratas y abiertas, que me trataron de igual a igual y me hicieron sentir parte de ellos.

Por supuesto que también conocí a muchos jóvenes chilenos que igual que yo también vivían exilados. Todos estábamos pasando por lo mismo. La mayoría pertenecía a organizaciones políticas y lo que más había eran comunistas y socialistas, que siempre discutían entre ellos. A veces se peleaban y eso me resultaba muy desagradable. De todos modos, al menos se unían para organizar actos públicos e informar acerca de la actualidad política en Chile.

Yo había tenido otra escuela. No me identificaba con ideologías. La cuna de mi motivación había sido la iglesia y mi vinculación con el trabajo político tenía relación con la búsqueda de mis parientes desaparecidos. Pero en ese círculo de gente nadie se interesaba en hablar de Dios o de la Biblia conmigo. "Este está loco", decían. Obviamente, con el tiempo se redujo mucho el círculo de jóvenes chilenos que yo consideraba ser mis amigos.

Empezar de nuevo

Pasó el tiempo y volvió a reinar la monotonía en nuestras vidas. Yo dejé de sentirme bien en la casa de mi hermano y comprendí que era hora de recobrar mi independencia. A partir de noviembre de 1980 me puse a estudiar seriamente el idioma alemán en el internado Kolpinghaus de la Iglesia Protestante, ubicado en el barrio Bad Cannstatt de Stuttgart.

Durante nueve meses, a razón de ocho horas por día, no hice más que aprender vocablos y gramática junto a un sinnúmero de extranjeros procedentes de todas partes del mundo. Mi objetivo era hacer el bachillerato y ponerme a estudiar medicina.

Poco antes de finalizar el tercer trimestre, fecha en que finalizaba el curso y tenía que entregar la habitación en que vivía, me fui a buscar trabajo en las clínicas del sector. Yo ya manejaba bastante bien el alemán y podía explicarme con soltura. Tuve suerte. Un día entré a una clínica de Bad Cannstatt y le pedí al portero una entrevista con el jefe de personal. Me preguntó si tenía cita agendada y le contesté que no, pero que se trataba de algo privado y muy importante. Finalmente, el citado caballero me recibió.

Era un hombre muy amable y, cuando le conté el motivo de mi visita, tomó el teléfono y llamó a la enfermera jefe. "Aquí tengo a alguien que busca trabajo. Pienso que podría serte de gran ayuda", le dijo. "Mándemelo en seguida", contestó ella y yo partí muy entusiasmado al encuentro. Luego de conocernos ella quiso saber cuándo podría empezar a trabajar. "Ahora mismo", le respondí sonriente. Ella se rió al oír mi respuesta y me dijo: "Tranquilo. Estas cosas tardan en formalizarse".

Afortunadamente, solo tuve que esperar un par de días. En agosto de 1981 me contrataron de ayudante de enfermero y me dieron un cuarto en el pensionado de la clínica. El trabajo me encantaba. Yo repartía la comida, hacía el aseo personal a los enfermos, les tomaba el pulso y les medía la presión sanguínea. Una de las preguntas más importantes que tenía que hacerles era si habían ido al baño ese día. Eso en alemán se dice "Stuhlgang", o sea "andar a la silla". Al leer mis informes, mis colegas se extrañaron de que ninguno de mis pacientes encuestados respondiera afirmativamente esa pregunta. "Esto hay que investigarlo", dijeron, y encontraron la respuesta al enigma. Yo era el culpable. Con mi alemán incipiente no había entendido el sentido de la expresión Stuhlgang y solo preguntaba a los pacientes si habían visto una silla. Es probable que ellos me tomaran por loco y contestaran que no para no meterse en problemas.

Aprendí mucho trabajando en esa clínica. Los médicos me querían y me tenían confianza. Recuerdo que un profesor cardiólogo se tomaba tiempo para explicarme su trabajo. Un día me llevó a presenciar una laparoscopía. Yo entendí la mitad, pero quedé alucinado. Otros doctores me confiaban cosas que a los demás estudiantes de enfermería les impedían realizar. Lavados de vejiga, por ejemplo, o poner inyecciones y sacar sangre.

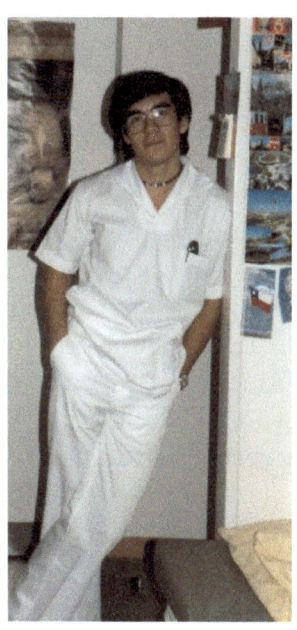

En una oportunidad me pasó algo muy extraño mientras tomaba la presión a una paciente. Los números eran altísimos, pero cuando pasó otra enfermera haciendo exactamente lo mismo, la presión de la señora era normal. Yo no me lo podía explicar, pero una de mis colegas tuvo una sospecha. Nos pusimos de acuerdo en que primero iría ella sola a medirle la presión y que luego entraríamos los dos a tomársela juntos. Ese día se aclaró todo el asunto. La paciente tenía una presión normal cuando yo no estaba presente, pero cuando me veía, le subía inmediatamente. Se había enamorado de este joven enfermero.

A pesar de que el trabajo me satisfacía mucho, existía un problema. En esa clínica yo no podía estudiar y trabajar simultáneamente para obtener el diploma de enfermero, por lo que tuve que buscar otro hospital donde eso se me hiciera posible. Me ofrecieron un contrato ilimitado de ayudante de enfermería, pero yo lo rechacé. No quería quedarme sin profesión. Pensaba que si venía una crisis, los primeros en perder el trabajo serían aquellos que no tenían calificación alguna.

En abril de 1982 empecé a estudiar enfermería en un instituto directamente vinculado al hospital Karl-Olga de Stuttgart. En Alemania se practica el sistema dual de aprendizaje, donde los futuros profesionales van a estudiar a una sala de clases y paralelamente se integran a trabajar en la práctica real. Todo habría sido muy lindo, pero yo fracasé. Tuve que asumir que mi conocimiento de alemán no me daba para tanto. Salí de ahí y me matriculé en nuevos cursos de idioma y después de un tiempo regresé al mismo hospital, pero mi plaza en la escuela de enfermería ya no estaba a disposición. No obstante, me contrataron, pero como ayudante de enfermero, cosa que en el fondo yo no quería.

Fue allí donde conocí a mi futura esposa. Ella trabajaba como enfermera y era una de mis jefas. Nos casamos en marzo de 1983 y en octubre de ese año nació nuestro primer hijo. Yo estaba feliz, aunque me molestaba que mi mujer tuviese una posición más alta que la mía.

Eso no era muy de macho, según mi manera de pensar en aquel entonces. Normalmente era yo, vale decir el hombre, el que tenía que ganar más. Por eso es que mi sueño era llegar a poseer un diploma y, de este modo, ascender de grado. Pero esas ilusiones se esfumaron y a mí me entraron serias dudas de que mi mujer y yo, siendo ambos enfermeros o trabajando en el área hospitalaria, pudiéramos algún día llevar una vida normal de familia.

Así pues, un día tomé la decisión de hacerme estilista en peluquería y belleza femenina. Encontré un salón en Stuttgart que me ayudó a financiar el diploma y, cuando estuve listo, me puse a trabajar profesionalmente.

Visita a la patria

A pesar de que en Alemania yo ya estaba más o menos bien situado y tenía familia propia, no dejaba de pensar en Chile. Pinochet seguía en el poder, pero ya la situación no era tan extrema como al principio. Muchos chilenos estaban regresando al país, aunque habían sido presos políticos y figurado en la lista negra.

Como yo abandoné el país siendo menor de edad y nunca estuve preso, supuse que no me pondrían dificultades para cruzar la frontera. Pero no podía viajar con mi pasaporte de refugiado. Necesitaba un pasaporte chileno. Un día me armé de valor y fui a solicitarlo al consulado. Ahí tuve que responder una gran cantidad de preguntas, pero finalmente me lo otorgaron.

A los pocos días partí con mi mujer y mi hijo de tres años a Amsterdam. Nuestro vuelo nos llevó primero a Lima y de ahí a Santiago. Al aterrizar en Perú sentí un miedo terrible. Comencé a tiritar descontroladamente. Sentí una estrechez en el pecho y pensé que me daría un infarto. Pero mi mujer, como toda buena enfermera, reaccionó muy tranquila y logró calmarme. Cuando continuamos el vuelo a Chile ya me sentía mejor. Había sido un ataque de pánico.

En el aeropuerto de Santiago nos estaba esperando gran parte de mi familia. Había algunos que no reconocí a primera vista. Y es que tenía sobrinas y sobrinos que eran niñitos cuando abandoné el país.

Los primeros días fueron muy duros. Recorrí las mismas calles y volví a los mismos lugares donde seguían vivos mis recuerdos traumáticos de la juventud. Las cosas habían cambiado y yo también. La gente me lo notaba en el lenguaje y en mi actitud y no podía ser de otro modo. Yo había perdido el contacto con los chilenos y solo hablaba alemán desde hacía varios años. Me sentí extraño en mi tierra natal y, para colmo, con el corte de pelo a la moda que me hice especialmente para el viaje, la gente me miraba como si yo fuese un pájaro raro. Sin embago, mi madre se alegró de tenerme de regreso y de poder conocer, por fin, a su nuera y su nieto tan lejanos. Nos hicieron una gran fiesta de bienvenida en el pueblo.

Obviamente me di el trabajo de ubicar a mis viejos amigos de la iglesia. Contacté al cura del pueblo y hasta tuve la ocasión de entrevistarme con el obispo, quien me informó acerca de la situación en el país. Las cosas se habían calmado. Uno podía desplazarse libremente, pero de todas formas era bueno estar atento.

Después de casi un mes de estadía nos llegó la hora de regresar a Europa, pero yo ya me había reconciliado con mi tierra y no quería irme. Lloré mucho al despedirnos y tuve serios problemas para reintegrarme al ritmo de vida en Alemania.

Al poco tiempo me di cuenta que solo iba a ser feliz si regresaba definitivamente a vivir a Chile. Entonces, comencé a tramar el plan de abrir allá un salón de peluquería y llevarme a la familia. Para mayor seguridad, tomé contacto con la empresa Wella & L'Oréal y le propuse ofrecer seminarios de sus productos en mi país. Esa podía ser también otra fuente lucrativa de trabajo. Fuera de eso, mi mujer allá no iba a tener problemas en encontar trabajo en los hospitales.

Solo había una dificultad. En la mano izquierda me apareció un síndrome de túnel carpiano, que me dificultaba mucho el movimiento y me dolía. Llegué a pensar en dejar de trabajar en Alemania y eso alimentó más mi sueño de emigrar. En Chile yo podía seguir trabajando en el ramo aunque fuese de instructor. Podía ofrecer cursos o dar seminarios. No necesitaba estar cortando el pelo todo el día. Para eso tendría gente contratada.

Volé a Santiago por segunda vez pero sin la compañía de mi familia. Al llegar me fui inmediatamente a Viña del Mar, una ciudad balneario muy populosa y turística. Ese era el lugar donde quería inaugurar mi propio salón de peluquería. Pero los precios ahí eran estratosféricos. Con el dinero que tenía calculado era muy difícil alquilar un departamento y un negocio. Pensé en comprar e incluso encontré un sitio ideal para nosotros, un departamento que quedaba en el mismo edificio del negocio. Hice los cálculos. Existía la posibilidad de pedir un crédito a un banco alemán que financiaba la reintegración de extranjeros en sus países de origen. Pero me asustó la idea de fracasar y no poder pagar la enorme deuda. A eso se le sumaban los costos que tendría la mudanza de la familia. El riesgo era demasiado grande. A regañadientes, tuve que sepultar mis planes.

Nuevas metas

Renuncié a mi profesión de estilista en Stuttgart. En el intertanto, mi familia había vuelto a crecer. En febrero de 1988 mi mujer dio a luz una hija.

Yo andaba buscando trabajo y me topé con un anuncio de la empresa Mc Donalds. Presenté todos mis papeles y me contrataron. Como era un cargo de responsabilidad tuve que hacer un curso de capacitación donde me enseñaron todo lo necesario respecto al trato con el personal, las disposiciones legales, etc. Estuve un tiempo trabajando en la filial de Mc Donalds de Fellbach, una ciudad vecina a Stuttgart, pero me fui de ahí porque no tenía libres ni siquiera los fines de semana y apenas veía a mis hijos.

Entonces volví a trabajar en mi antigua profesión de enfermero. Esta vez no en un hospital, sino en un asilo de ancianos. La profesión me daba muchas satisfacciones y yo me sentía a gusto atendiendo a los pensionistas. Solo los horarios de trabajo siguieron siendo el gran problema. Es muy difícil coordinar la vida de una familia si ambos padres son enfermeros. En especial, si los hijos son pequeños y necesitan la presencia de un adulto en casa.

En 1990 nació nuestra segunda hija y en marzo de 1992 el segundo hijo. Ya eran cuatro. Yo soñaba con tener horarios normales de trabajo. De lunes a viernes, ocho horas por día. Eso me iba a simplificar la vida. En 1991 postulé a un cargo administrativo en la compañía de seguros AOK y me contrataron. Era un trabajo de oficina, muy distinto a todo lo que había hecho hasta esa fecha, pero me adapté rápidamente. Además, hice algunas reestructuraciones para racionalizar los procesos y quedar desocupado más temprano. Durante un tiempo trabajé en la sección de promoción y ventas, así que a veces me instalaba con un puesto en la vía pública y repartía prospectos de la empresa a los transeúntes. Finalmente, me pagaron un curso de capacitación para aprender a asesorar empresas y me especialicé en seguros de accidente. Muchos de mis clientes eran hispanoparlantes. Debido a mis problemas de salud se me permitió incluso realizar gran parte de mi trabajo desde la casa.

La cueca

A menudo sentía nostalgia por mi patria chilena, así que me iba a Stuttgart cada vez que se celebraban fiestas internacionales. A veces se presentaban unos bailarines de cueca, una danza que amo y que bailo desde que era un niño.

Parece que la directora del grupo se dio cuenta de mi talento al verme en la pista de baile, porque se me acercó y mi dijo: "Juan, yo me vuelvo a Chile. ¿Quieres hacerte cargo del grupo?". Le contesté que sí, pero que lo haría bajo la condición de profesionalizar el trabajo. Teníamos que darnos un nombre apropiado, inscribirnos oficialmente como asociación y no actuar con ropa de calle, sino con los trajes típicos del país. "Pero eso es muy complicado y además a los alemanes les da lo mismo, porque no tienen idea del folklore chileno", me respondió. Sin querer, yo le había dado argumentos para pensar mal de mi. El nuevo director del grupo iba a ser un chileno integrado.

Yo nunca entendí esa manera de pensar. Mi propósito era hacer las cosas bien. Nosotros estábamos en Alemania, donde había un orden a respetar. El grupo recibía honorarios por las actuaciones y el dinero se invertía para cubrir los gastos de viaje, de equipo, de vestuario. Eso había que declararlo a la oficina de impuestos si no se quería pagar multa. De ahí venía la necesidad de legalizar nuestra existencia y fundar una asociación. Tomé contacto con un contador y un notario y juntos redactamos el estatuto. Solo se aceptarían miembros activos, ya fuesen cantores, ejecutantes de instrumentos o bailarines. No se pagarían contribuciones. A cambio de eso, los miembros se comprometían a invertir su tiempo libre en ensayos y actuaciones. El grupo pasó a llamarse Cordillera, porque mostrabamos danzas de norte a sur del territorio, a lo largo de la cadena montañosa de Los Andes. A partir de 1995 fui el director, el primer bailarín y el profesor de baile de Cordillera.

Nuestra afición nos dio enormes satisfacciones y nos permitió recorrer toda Alemania mostrando nuestro trabajo. Cordillera fue parte de "Stuttgart tanzt" (Stuttgart baila), una organización que reunía a más de treinta grupos internacionales dedicados a cultivar los bailes tradicionales de sus países de origen. Lo bello de las actuaciones es que nunca eran lo mismo.

Un día, por ejemplo, fuimos invitados a tocar de sorpresa para la actriz Hannelore Elsner, que acababa de rodar en Chile la película "Mein Herz in Chile" (Mi corazón en Chile). Era el día del estreno y la sala estaba repleta de gente importante.

Pero nuestros viajes nos llevaron mucho más allá de la frontera alemana. En una ocasión un chileno de Toronto, Canadá, tuvo la idea de organizar un campeonato internacional de cueca en su ciudad. Eso fue en 2003. El grupo Cordillera se inscribió para participar, pues no teníamos por qué achicarnos. Quizás nuestros bailarines no eran tan duchos como los jóvenes integrantes de otros grupos que participarían, pero nos destacábamos por nuestra energía y nuestra presencia escénica. Siete días estuvimos allá. Fue una experiencia inolvidable.

Aprovechando la oportunidad que nos ofrecía aquel evento único hasta esa fecha, decidimos fundar una organización que vinculara a todos los grupos de danza chilenos que existían en el extranjero. Nos hicimos llamar Cofochilex Internacional. A mí me dieron un cargo en el directorio, como representante de Alemania. A partir de ahí, todos los años organizamos un evento en diferentes puntos del mapa. En España, en Australia y hasta en Chile.

Como repercusión de ese éxito, el año 2006, con ocasión del campeonato mundial de fútbol en Alemania, la Televisión Nacional de Chile, que ya había oído hablar de Cordillera, me invitó a ir a mi país con todos los gastos pagados para hacer una presentación de cueca en vivo. También le pagaron el viaje y la estadía a mi esposa.

Siempre traté de motivar a mis hijos por el baile. Cuando eran pequeños preparé con ellos un programa que incluía danzas de la Isla de Pascua, pero eso fue todo, pues nunca más volvieron a interesarse realmente por bailar. Debo reconocer que me cuesta entenderlo. Bailar es algo esencial para mí, una forma de llevar conmigo mi tierra natal. Cada danza me evoca algo distinto. Con la cueca, por ejemplo, yo asocio el amor, la esperanza y la armonía.

Pero desde que comencé a tener problemas con mis rodillas mi afición por el baile ha decaído mucho. Ya hace varios años que el grupo Cordillera dejó de ensayar. Es una lástima. En todo este tiempo no se ha encontrado a nadie que sea capaz y tenga ganas de reemplazarme.

Juan en traje de huaso

El huaso chileno es un exelente jinete y está encargado de arrear el ganado en los fundos y haciendas del sur de Chile. Es un hombre corpulento, libertario, orgulloso y muy osado. Usa espuelas de gran tamaño, polainas de cuero, un poncho más bien corto con franjas rojinegras y un sombrero alado con cinta ancha.

Durante la recepción oficial a la Presidenta de Chile
Michelle Bachelet en Stuttgart, el 20 de octubre de 2006

(Foto: Alex Ibáñez M., www.fotopresidencia.cl)

Mediador cultural

Gracias a mis vinculaciones con la organización "Stuttgart tanzt" me fui dando a conocer en el ambiente intercultural de la ciudad. El año 2006 se me acercó un representante de la sociedad Evangelische Gesellschaft Stuttgart, una de las tantas organizaciones sociales de la Iglesia Protestante. Me dijo que estaban por iniciar un proyecto y me preguntaron si tenía interés en integrarme. La idea era instruirme para luego trabajar como mediador en conflictos interculturales. Me pareció muy interesante y sin pensarlo mucho acepté la oferta. Bastó el primer encuentro informativo que tuvimos para percatarme de que estaba hecho para ese trabajo. La vida real me había hecho asumir a menudo el rol del mediador. Era algo que llevaba en la sangre.

Comencé a asistir a cursos de capacitación. Nada mejor para mí, que iba a aprender el fundamento teórico de algo que ya sabía hacer espontáneamente. Por último, me especialicé en la mediación de conflictos familiares en parejas internacionales. Pese a ello, no fui capaz de salvar mi propia relación matrimonial. El año 2009 mi mujer y yo nos separamos. A veces pienso que esa mala experiencia me sirvió para comprender mejor a los matrimonios en conflicto que tengo a diario por delante. Como sea, el volver a estar solo hizo que se acelerara mi proceso de integración en la sociedad alemana.

Entre 2009 y 2014 fuí miembro del Comité Internacional, un organismo directamente vinculado al centro de decisiones de la ciudad de Stuttgart. Desde el 10 de agosto de 2005 poseo un pasaporte alemán y puedo participar con todos los derechos en la vida política del país.

Desde 2008 soy actor aficionado y trabajo junto al Teatro Municipal de Stuttgart. Además, he sido comparsa en varias películas que se han filmado por estos lados.

Estoy realmente agradecido de haber recibido asilo en Alemania. También amo este país. Aquí me siento en casa. Es aquí donde quiero vivir y aportar y mi deseo es servir de ejemplo para quienes aun se resisten a integrarse. Pese a ello, mi otro amor, Chile, nunca se me olvidará.

Hasta hoy sigo sin saber lo que pasó con mi padre y con mi hermano. ¿A qué lugar se los llevaron? ¿Qué torturas tuvieron que sufrir? ¿Dónde los enterraron? Jamás los olvidaré.

Estas líneas se las dedico a ellos.

Wo ist er?

Gilberto Antonio

¿Dónde está?

Wo ist er?

Miguel Rojas Rojas

¿Dónde está?

A mi querido padre

Te he estado buscando por más de 45 años sin éxito alguno. No te puedes imaginar lo mucho que te echo de menos. Me gustaría encontrarte junto a mi hermano Gilberto para que me contaras lo ocurrido.

Hoy ya tengo más de 60 años. Gran parte de mi vida la he vivido en Alemania, país al cual emigré y que tú no conoces. Aquí comenzó un nuevo capítulo de mi existencia.

Papá, me gustaría contarte todo lo que he sufrido por tu ausencia. Hay un río de lágrimas acumulado en mí que a diario busca su cauce para alivianar el dolor.

Aquí tienes cuatro nietos que nunca has visto. Cuánto me gustaría que los conocieras y que ellos vieran lo bueno que es su abuelito chileno. Yo también me convertí en abuelo y tengo siete nietos.

¿Dónde estás, papá? ¿Dónde está mi hermano Gilberto? Espero averiguarlo antes de despedirme de este mundo. Me gustaría ir al sitio donde reposan tus restos para despedirme, aunque sé que eso me desgarrará el alma.

Papá, solo me acompañaste los primeros 14 años de mi vida. Cuando cumplí los 15 me senté en el suelo, a la puerta de nuestra casa, y me puse a esperar tu regreso y el de mi hermano. Hasta hoy sigo esperando.

Donde sea que estés, espero que ya no sufras más. Quizás volvamos a estar juntos.

Se despide tu hijo

Juanito.

El libro se publicó en alemán en 2019.

ISBN: 978-3-746074931